le mini-guide du
Cancer

EN BD!

22 JUIN . 22 JUILLET
Signe d'eau
Planète dominante : La Lune

VENTS D'OUEST

Cet ouvrage a été réalisé par :

Conception : GOUPIL !
Scénaristes et dessinateurs :
Bonneville, Boschi, Gaston, George, Goupil,
Grenon, Guillon, Laudrain, Tépaz
Dessin de couverture et page de titre : Tybo
Couleur de la couverture et de la page titre : Élisabeth Poret
Couleurs intérieures : Élisabeth Poret, Syl

Éditions Vents d'Ouest
31-33, rue Ernest-Renan
92130 ISSY-LES-MOULINEAUX
www.ventsdouest.com

© 1999 Éditions Vents d'Ouest
Dépôt légal : avril 1999
ISBN : 978 2 8696 7789 0
Achevé d'imprimer en France en février 2007
Impression et reliure : Pollina s.a., 85400 Luçon - n° 42669

LE CANCER EST UN RÊVEUR, C'EST UN FAIT, ET, SOLITAIRE PAR NATURE, IL S'ÉVADERA PAR EXEMPLE PAR LE BIAIS D'UN BON ROMAN.

À CE MOMENT, CAPTIVÉ, PLUS RIEN AUTOUR DE LUI NE COMPTE...

CE QUI NOUS PERMET DE DÉCOUVRIR UN AUTRE TRAIT DE CARACTÈRE DU CANCER.

IL EST UN PEU FOUILLIS!!!

GRENON

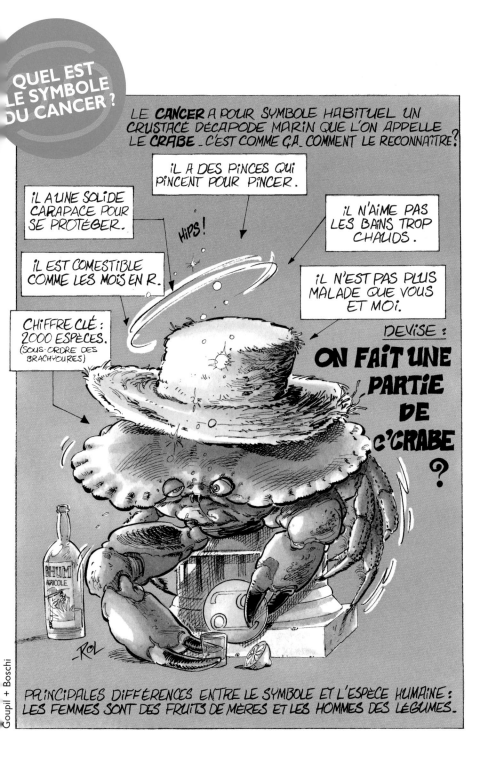

IL GÈRE CELA COMME LE PATRON D'UNE PETITE ENTREPRISE "FAMILIALE".

PRENANT, AU PASSAGE, SA FEMME POUR UNE SIMPLE SECRÉTAIRE...

...ET SES ENFANTS COMME AUTANT DE PETITS EMPLOYÉS DOCILES.

ET ÇA LUI RÉUSSIT PLUTÔT BIEN... DU MOINS JUSQU'À LA FIN DE CHAQUE MOIS!

Grenon

GRENON

NOUVEAU !
Une collection de guides pour les juniors !